노을의 집

노을의 집

배문성 시집

민음의 시 107

민음사

차례

1부

제비꽃

좀더 움츠리고 살아보자
조금만 더……

노을의 집

저녁까지 집 앞을 지나간 것은
자전거 한 대,
개 두 마리였다
그리고 잠시 싸래기눈이 왔다.
노을이 지는지
언덕에 나무 세 그루가 차례로 나타났다
흰 측백나무,
흰 측백나무,
느티나무
그리곤 저녁이 된 것이다

전화가 왔다
벨 소리는 노을 속에서 흘러나온다
한 번,
두 번…… 다섯 번

노을 속으로
전화하는 것이 이렇게 멀다
까마득하게 들리는 네 목소리에는 노을 빛이 담겨 있다
붉은 외등이 켜지는 동안 목소리가 사라진다

꾸부정하게 서 있는 그림자를 핥으며
바람이 지나간다

겨울이 다 가고서야 나는 왜 버림받았다는 사실을 알게
되었을까
　나는 왜 아무도 나를 기다리지 않는다는 것을 몰랐을까
　사실 나는 누가 나를 기다리고 있을 것이란 생각에 몰
두해 있었다.
　내가 너를 기다린다는 사실을 알고 난 뒤
　나는 버림받았다는 사실을 알게 되었다

버림받았다……

아니면 찾지 않은 것인가
우리가 찾아낸 느낌
느낌이라……
찾아가지 않을 것
만나지 않을 것
기다리지 않을 것
듣지 않을 것

아. 아무것도 하지 않을 것

기미만 남은 노을 속으로
자전거 지나가는 소리가 들린다
사람은 보이지 않는다

내가 버린 모든 사람이 그리워진다

갈대의 집

네가 오지 않는 날은
아무 일도 일어나지 않는 날이다

너는 오늘도 오지 않는다
길에는 갈대가 길게 누웠고
아무도 이곳으로 찾아오지 않는다

여기에 무슨 일이 더 일어나겠는가
시간이라……
네가 찾아와야 할 시간이 있을까
기다린다 시간이 다 지나가기를
그때까지 여기서 더 이상 일어날 일은 하나도 없다

한 십 년 동안
갈대가 피고 지고,
한 십 년 동안
네가 오지 않을 시간이 남아 있다

악몽

악몽 속에서 사는 사람들은 그곳이 악몽이라고 느낄까
뒹굴어도 이승이라고
악몽도 개꿈이라고 생각하는 것일까
아니면 개꿈을 꾸는 자만이 희망을 가질 수 있는 것인가
아니면 개꿈을 현실로 바꾸기 위해 노력하는 것이 이
삶의 길인가

그래서 나는 개꿈을 꾸는 것인가
악몽을 꾸는 것인가

힘차게 산다는 것……
부러운 일이지만 또 얼마나 가엽기도 한가

저 가을 속으로

이른 가을이면 좋겠지
떠나가기 좋은 밤은 한번만 올 테지
잠시 바람이 불어주면 몸을 내맡기는 것
가벼이 사라지는 것, 자취도 없이
저 가을 속을 걸어가면 사라져야 할 곳이
한번은 있을 테지
시든 풀이 흔들리고, 시퍼런 서리가 엉켜 있는 곳
그곳에 언뜻 바람이 불어오면
다 털어버리고 싶을 테지
다시는 돌아보고 싶지 않을 테지

그래서 내 온전한
삶이 저 가을 속에서 지워질 수 있을 텐데
용서받을 수 있을 텐데

동행

내가 비로 내려
땅을 적시고 흙 속으로 들어가
어두운 돌 속까지 스며들어
당신께 갈 수 있다면
당신이 가리킨 산목련 한 송이라도 피워줄 텐데

스미는 대로 손을 내밀어
얽힌 돌은 거두고 착한 흙은 모아서
젖을수록 부드러운 땅을 내놓으면
그곳에 따뜻한 햇살이 찾아오기도 할 텐데

당신이 잠들면 나는 숨소리 고르며
슬픔도 힘이 될 수 있다고
토닥이는 빗소리라도 들려줄 텐데

상처 없이 살아가기에는
이 세상 모든 것에게 다 미안하다고
그렇게 말해 주며 같이 걸어갈 수 있을 텐데

그늘

사람의 얼굴에 그늘이 있으면 쉴 수 있을 것 같아
서늘한 표정이 편안하게 해줄 것 같아
그 사람은 내가 좋아하는 노래
천천히 부르는 노래를 알고 있을 것 같아

내 그늘보다 더 큰 그늘을 가지고 있는 사람
그 품에 안기면 서늘한 노래 흘러나오고
쉬고 있다는 기분이 들 것 같아

그늘에 핀 꽃들이
내쉬고 있는 낮은 숨소리를 들으면,
바람 지는 노래에 귀기울이며
편안하게 잠들어 있는 표정을 보면,
그에게 다가가고 있는 상처들과
그 그늘에서 쉬고 있는 눈물들의 사연을
다 알 수 있을 것 같아

그늘에 잠기면……
그 사람의 얼굴에 내린 그늘이 나를 보고 있으면
그 그늘에 마음껏 생채기를 펼쳐도 될 것 같아
그 속에서 목놓아 울어도 될 것 같아

숲에서

내가 이렇게 서서 당신을 기다린다면
그날 그 자리 만난 날부터 지금까지 한 뼘도 옮기지 않고
단지 그리움 가득 담아서
오래오래 팔 벌려 가지를 내놓고
당신을 한 아름 품을 때까지
이렇게 붙박을 수 있다면
바람이더라도 비라 해도
내 푸른 그리움 키워내는 싹이려니
한번 심고 다 바치는 심지려니
이 자리에 섞어서 고스란히 흙이 되더라도
끝까지 매달릴 텐데
여기서 건네보고 있을 텐데
그렇게 한평생 지샐 수 있을 텐데

붉은 새

네가 이마를 댄 창에 노을이 부서지고 있다
가슴에는 아직도 네가 산다
너의 그림자도 붉게 물들었다
얼굴을 가린다
손바닥에 묻어나는 붉은 가루
비린내 같은……

그림자는 고개를 떨군다
손을 잡았던 기억이 난다
받침만 남은 말이 사연이 되어 후두둑 떨어진다
창에 부딪혀 쏟아져 내리는 석양……의 가루

너는 세차게 이마를 부딪힌다
뺨을 벤 노을이 뚝뚝 떨어진다

창밖으론 빨간색 차가
온통 노을에 물들어 달려가는 것이 보인다
꽁무니로 붉은 가루 같은 연기를 품어내며
이제는 부딪혀버리겠다고 노을 속으로 달려든다

애인

흔적 하나 없이 노을빛 저물고
추억 하나 세상에 남지 않는 날이 있다
이 저녁이 모두
너를 향한 마음이 되는 날이 있는 것이다

이 저녁 떠오르는 모든 마음이 다 네게로 가는데
애인아……
우리가 만나기는 한 것인가
아니면,
함께 사라질 시간조차 없는
저 노을 같은 우리는
어디서 어떻게 헤어질 작정인가

배웅

안녕 한다고 해서 그냥 보내랴
네가 가는 만큼 한 발씩 다가가도
네가 간다는 것,
우리가 흩어진다는 것이
이렇게 시작되고 있는데

돌아선다고 해서 뵈지 않으랴
노을빛 붉게 이리도 시리게
눈앞을 적시고 있는데

우리는 이제 어떻게 하면 좋겠니
어디까지 가면,
우리는 어디까지 가버리면
흩어질 수 있겠니
그래서 어디까지 좇아가야
너를 보내줄 수 있겠니

노을 속으로

세상아 흘러가라
흘러서 아주 가버려라
너를 데리고 멀리 가버려라
잊어버리고도 그리워져서 찾아갈 수 없게
사라져버려라
가버려서 다시는 기억나지 않게
묻혀버려라

이제 남아 있는 것은 잊을 것뿐인 날들
이 세상에 남아 있는 모든 추억을 데리고
저 노을 속에 잠겨버려라
잠시 머물었다는 흔적도 없이
때론 그리웠다는 기억도 없이
다 저물어버려라

노을 앞에서

잊어버리는 것은 아무것도 아니다
잊으려고 사는 것이,
남아 있어야 한다는 것이
사무치는 일이다

네 앞에서
저렇게 물들고 있는 노을 앞에서
들어가지도 못하고
돌아서지도 못하고
남아서 지키고 있다는 것이
미치는 일이다

숲에 누워

내 앞에 무수히 많은 순간들이 지나가고 있네
발아래 떨어지는 가장 짧은 한 때들
한동안의 사랑을
그 아래의 이별을
그 모든 사연을 기억하고 있을
이 나뭇잎들

혼자 걸어갔다
가을 서리,
나뭇잎 사이로 바스스 부서진다.
잠시 기억할 수 있는 시간이 그 소리에 흩어진다

다,
잊혀진다

희망에 대하여

희망이란 개를 믿지 마라
희망이란 진드기에 붙들리지 마라
너에게 그나마 희망이란 지푸라기가 남아 있다고 생각
한다면
희망은 이내 잘 자라는 곰팡이처럼 너를 차지하고
너를 희망에 목매다는 노예로 만들 터이니

오로지 먹을 것이라곤 그놈의 희망밖에 없는
그놈의 희망을 물어뜯고 있는 희망 동창회원
희망이 뭔가
앞으로 다가올 깨끗한 삶을 기다리며
지금 마음껏 추악해져 가라는 스스로에 대한 허락인가

희망이란 때론 사람을 얼마나 추악하게 만드는 것인지
네가 사십대에 이르기까지 깨끗한 영혼을 가지려면
희망을 갖지 않을 것
아예 그 싹도 보이지 않게 와장창 절망해 버릴 것
그것이 이 땅에서 희망을 갖는 유일한 길이다

숲

숲에 들어가려는 사람은
기억을 내려놓고 가야 합니다

사월 이파리 사이로 햇살이 떨어지고
발아래 엉겅퀴인지 금낭화 고사리 같은 음지 식물이,
그렇지요. 산죽, 철 지난 얼레지 꽃잎이 시들어 있는,
숲은 추억이 없어서 따뜻한 곳입니다

나는 절대로 용서받을 수 없다는 것을 알고 있습니다
평생을 미안해하면서 살아야 되겠죠
사월에도 나뭇잎이 떨어지는 것은
세상 모든 것을 다 보았기 때문일 겁니다.
너무 오래 머물러 있는 기억들이 나뭇잎마다 가득한 거
지요
버리지 못했던 기억들이 이파리마다 담겨
하나씩 둘씩 떨어지는 겁니다

네 속에 남아 있는 내 모습
내 속에 잠자고 있는 너의 기억 모두가
숲을 걷다 보면 까마득히 지워지는 것을 느낍니다

그래서 숲을 지나온 사람은
비워낸 시간만큼 기억이 빠져나간 해맑은 얼굴로 바뀝
니다
추억에서 해방된 한적한 걸음으로 바뀌는 거지요

뛰어내리는 것들

〈구리가 나팔로 깨어났다고 해도
구리에게는 아무런 잘못도 없습니다〉라고 니체가 말했
던가요
저 아래 흐르는 강물로 뛰어내렸다 해도
비에게 무슨 잘못이 있겠습니까?
내가 뛰어내린다고 해서 나에게 잘못이 있을 수 없지요
단지
미안할 뿐입니다.

이 쉼
이 놓음
이 건너감으로 잠시 고개를 숙일 뿐입니다

가만히 나뭇잎이 가지를 떠나듯이
뛰어내립니다
세상에 대하여
사랑한 사람에 대하여
그 사랑들에 대하여
살아버린 것만으로도 세상은 미안합니다
가만히 내리는 비나

나뭇잎이나
나팔 소리나

뛰어내리는 것들은
단지 죄송스러울 뿐이지요

추억에게

나는 내 몸에 무엇을 쌓아두었던가
이젠 시효가 지난 추억들,
너는 나의 추억인데 나는 누구의 추억인가
그래…… 나는 추억들에게 미안하다
잊지 못하는 나의 기억들에게 미안하다
그러고 있는 나의 육신에게 미안하다
나의 육신과 더불어 부대끼고 있는
나의 주변에 대해 미안하다
내가 살아온 세월들에게 미안하다
내가 보았던 풍경과 사연들에게 미안하다
미안하다 미안하다
나의 것들이었던 것들이여
한번만이라도 나의 화해를 받아주시길……

2부

별제사

어스름 녘에 셋이 머리를 맞대고 누웠습니다
하나 둘 별이 켜지기 시작했지요

당신은 멀리 별밭에 있습니다
그 아래로 바람이 세차게 지나가고,
또 그 아래로 겨운 인간의 노랫소리가 지나갑니다
그 아래 우리가 누워 있는 거지요

별의 강, 바람의 강, 노래의 강
실연한 사람과 마음이 돌아오지 않는 사람,
그리고 모든 일에 맥을 놓은 사람,
세 사람은 그 강물을 차례로 마셔버립니다

노랫소리를 뒤로 흘리며 혼자 숲으로 들어갔습니다
누가 들어선 것을 알아차린 듯
숲은 갑자기 소리를 죽였지요
작은 페트병 소주 하나, 담배 한 개비,
그리고 잔 하나……
먼저 술 한잔을 뿌려 밤 숲을 달랩니다

술 한잔에 별과, 술 한잔에 바람과, 술 한잔에 노랫소리
오래 들어온 시 구절처럼
숲을 건너온 친구들의 노랫소리가 까마득하게 들립니다
그리고 술 한잔으로 당신을 불러봅니다
아 한 모금으로도 연기처럼 사라지는 당신을 기다려봅
니다

눈앞에서 사라지는 당신을 기다리는 일
한번 사라진 것은 절대로 잊혀지지 않겠지요
사라졌기 때문에 더 깊게 새겨집니다
잊지 말고, 지우지도 말고,
다 싸안고 가야 할 당신이
한 줄기 연기로 피어오릅니다

느티나무

——the art of fugue

정오가 지났을 때였지요
왜 그런 순간이 있잖아요
모든 것이 정지한 듯한 시간

며칠 전,
집 마당에 심은 느티나무가 천천히 흔들리는 것을
오랫동안 본 일이 있습니다
잔잔하게 흔들리는 이파리들은 때로는 혼자서,
때로는 뭉쳐서 유연하게 춤을 추고 있었지요
쏟아지는 햇살을 가득 안고
이파리들은 무엇인가 자신이 품고 있는 것을 털어놓고
있었지요
집안에서 흘러나오는 가느다란 음악이 있었는지도 모르
겠습니다

바람이란 것 공기라는 것 또는 광선이라는 것,
그것들이 모여서 만든 이파리라는 것……
이 모든 것이 완전한 소통 속에 흔들리고 있었지요
잔잔하고 격렬하고, 때론 부질없다는 듯
아, 그래도 살아간다는 것

괜히 나는 더 이상 볼 수 없어서 집으로 들어와 버렸습
니다
차마 더 이상 보고 있다는 것이 부끄러웠지요
그게 뭔지 정확하게는 알 수 없지만
쏟아지는 것들 속에 있는 추억 때문에
나는 더 이상 그 광경을 볼 수 없었습니다

결단코 사연은 없습니다
사연도 없이 추억은 뚝뚝 떨어집니다
죽음도 추억이 되는지, 아니면……
단죄. 아 그것은 우습습니다
추억은 오로지 죄책감 속에서만 각인됩니다
용서. 그래 안도감 같은 것이 그 사이에 숨어 있습니다

결국 나는 다시 창을 열고
피아노 음이 느티나무에게 다가가기를 바랐습니다
음악이 마치 가는 끈처럼 휘돌며
느티나무의 율동과 한데 어울리는 모습을 보고 싶었지요
그리고 내 마음도 그 한가운데에서
같이 휘돌기를 기다렸습니다

저 느티의 율동을 내 몸이 느끼고
저 바흐의 음에 내 마음이 가 닿기를 바랐습니다.

천천히……
용서받는다는 느낌……이랄까
이제 그만해도 된다는…… 것일까
이 세상에서 가장 느리게 움직이는 춤이
내 속에서 조금씩 새 나오고 있었습니다

걷는다

내가 그 산에 있을 때, 산이 내 마음속에 없으면
나는 무슨 권리로 산을 걷고 있다고 말할 수 있을지요
내가 숲 속에 있을 때, 그 숲이 내 마음속에 없으면
나는 무슨 권리로 숲을 지나갈 수 있느냐 말입니다

잘 걸으려면
바람 한 점 없는 산길을
아무 말 없이 아무것도 하지 않고
마냥 걸어가려면
지나온 생은 다 내려놓고 가야 합니다
추억도 상처도 그리움도 다 버려두고 가야지요
그 모든 것들을 불러봐도
숲은 어떤 이야기도 해주지 않습니다

바스락거리는 소리 낙엽 부서지는 소리만,
지나온 흔적을 기억하고 있습니다
이를테면 지난해 이 자리에서 누가 걸어가며
자신의 어깨에 실은 짐을 내려놓고 깊은 숨을 내쉰 기억
그러니까 그가 지나가면서 바스락거렸던 소리가
이제 풀리고 있는 것뿐이지요

다시 일 년 뒤 낙엽이 쌓일 때까지
그 소리들을 숲이 잘 기억해 뒀다가
이제 풀어내 주는 것뿐이지요

그런 것이
정말 추억다운 겁니다
사람이 빠진
사람 없는 추억

잠자리와 함께 잔다

무연한 건 이런 거겠지요
햇살이 좋으면, 바람 한줄기라도 좋으면
잠을 자는 잠자리 같은

앞서 걸어가는 친구의 어깨에 붙어 있는 잠—자리
아무리 가쁘게 숨을 내쉬어도 흔들리지 않는 잠
꼼짝하지 않는, 움직이지 않는 잠을 잘 수 있다면

발아래 썩어가는 산목련 꽃잎이 떨어져 있었습니다
꼼짝하지 않고 저 혼자 썩어가는 저 꽃잎처럼

잠자리는 친구의 어깨에서 잠을 자는지
제자리에서 썩어가는지
아니면 친구가 잠을 자고 있는지

햇살만 좋아도 그렇게 썩어갈 수 있다면……

분열 산행기

나는 그 산에서 어떤 일이 있었는지 모릅니다
정확하게 말하면 거기에 누구와 갔고
어떤 길로 해서 어디를 지나가서
어떤 일을 했는지 기억나지 않습니다

사실은 있으되
그것이 나에게 어떤 일을 하게 하지는 않았습니다
사건은 중요하지 않습니다.
사건과 사건 사이에 남겨진 인상, 느낌, 그것만 생생합
니다
내가 느낀 바 내가 본 것이 아니라
내 눈을 지나 나를 때린 그 무엇,
그 모호하고, 이름 붙일 수 없는 어떤 것
그 어떤 것을 지금 말하고 싶은 겁니다
그래서 이것은 분열이되, 나에게는 옳은 것입니다

지나친 나무와 바위, 산 아래 달려가는 바람, 그 사이로
피어오르던 안개구름, 언뜻 비치는 햇살, 잠시 땅에 누워
하늘을 보면 햇살에 비친 나뭇잎이 겹치고 겹쳐서 가느다
란 빛의 통로를 열어주던…… 앞서가는 친구가 남긴 세찬

숨소리, 벌거벗은 사내들의 등을 때리던 하얀 물줄기, 무
심하게 물위 여기저기 떠다니며 더 이상 날갯짓을 하지 않
던 잠자리들의 주검, 철 지나 고동색으로 썩어가던 산목
련, 연보라 채 익지 않은 산국과 키 큰 고사리잎, 초롱
꽃, 산나리, 키를 넘는 조릿대 그늘에 숨어 있던 뱀 지나
가는 소리, 산 너머로 가득 채운 먹장구름, 언뜻 빛을 내
고 사라지는 번개, 발아래 찢어지고 있는 번개를 내려다보
는 두려움, 드러누우면 온몸에 쏟아지는 별들, 북두칠성
과, 그 사이로 지나가던 야간 비행기의 안전등, 그래 인공
위성과 샛별, 카시오페이아, 동트기 전에 남동쪽 하늘에 남
아 있던 오리온, 가늘게 가늘게 나오는 샘물, 밤새 잠 못 이
루게 하던 기슭에서 올라오던 산바람 소리

　　기억에는 사실은 사라지고 느낌만 남아 있습니다
　　앙상하지만 증거처럼 박혀 있는 인상만 있지요
　　중요한 것은 앙상하게 남아 있는 것들입니다

　　그러는 동안 조금씩 올라갔을 겁니다
　　우리가 올라간다는 사실을 믿어도 되는지
　　무엇으로 온통 가득 찬,
　　살아 있다고 해야 할 것으로 가득 찬,

〈시야를 가득 메우는 어떤 것〉들 속에 던져져 있는 여
기……
　정말 이 길이 올라가기만 하는 길인지
　모르겠습니다. 여태 여기까지 내려왔는데
　그만큼을 더 올라갈 수밖에 없다는 것인지
　정말 우리가 살아가는 것인지

　쉬자고? 시간을 잠시 유예하자고?
　되돌아간 사람이 있었습니다
　그는 다시 옛날로 돌아갔을 겁니다
　그가 다시 내려간 높이에는 옛날이 남아 있습니다
　그가 가지고 간 한 통의 물에는
　보장된 시간이 농축되어 있을 겁니다
　그 물을 마시고 옛날에서 빠져나올 수 있을지……
　한 방울 마실 때마다 유보되는 옛날……

　우리는
　먼저 가버린 사람을 떠올리며,
　자신 속에 감춰진 옛날을 하나씩 내놓고
　위로 위로 올라가고 있을 뿐입니다

운다

몇 가지 사건을 거치면서 울지 않는 법을 배웠습니다
목구멍 너머로 울음이 나올 낌새가 보이면,
꽉 눌러버리는 거지요
실제로 울음은 꽉 눌러버리면 멈춰집니다

언젠가 출근길에 시청 앞에서 신호를 기다리는데
라디오에서 노래가 흘러나왔지요
이미자가 부르는 「친정어머니 오래 사세요」
신호가 바뀌기를 기다리는 동안,
딱 그 시간만큼 흘러나왔습니다
잠시 방심했던 모양입니다
울음이 나오는 순간을 알아차리지 못했던 거지요
진작 꽉 눌러버렸어야 했는데
미처 내가 눈치 채기도 전에
먼저 울음이 터져버렸습니다
한번 터진 봇물은 줄줄 흘러나옵디다
신호가 바뀌기를 기다리며 운전대를 잡고 있는 사내가
마구 흘러내리는 눈물을 닦지도 못하고
망연해 있었던 거지요

주로 몇 개의 회억이 나를 자극합니다
그러니까 눈물을 막으려면
그 몇 가지의 회억만 튀어나오지 않게 잘 챙기면 됩니다

오늘 〈월디〉라는 친구가 쓴 책
『보통남자 삼십대』를 읽습니다
〈월디〉의 〈민석이 이야기〉를 들을 때는
그야말로 짐짓 냉담자로 있으려고 노력했습니다
눈물이 나올 낌새를 알아차릴 수 있었기 때문에
꾹 눌러버릴 수 있었습니다
그래서 되도록이면 위로의 말도,
관심어린 언급도 하지 않고 잘 비켜갈 수 있었지요
냉담자야말로
자신이 언제 무너질지를 너무나 잘 아는,
또 몇몇 개의 회억에서는
자신이 대책 없이 무너진다는 사실을
너무나 잘 알고 있는 소심하고도 소심한 자
최소한 나의 〈월디〉에 대한 냉담은
이런 스스로의 방어에서 비롯되었습니다
그러나 〈월디〉의 책을 보고 있는 동안

잠시 그 방어 장치를 가동하는 것을 잊었습니다
그냥 무심한 듯 〈월디〉의 글을 보고 있었는데
느닷없이 쏟아지는 눈물을 막을 수가 없습니다
더러 힐끔힐끔 보고 있지만
한번 터진 눈물을 막을 수가 없군요

그 눈물이 지금까지 〈월디〉에게 했던
나의 냉담을 변명하는 것인 줄 이제야 알았습니다
〈월디〉에게 보내는 위로의 말인 줄 이제야 깨달았습니다

권기돈에게

잘 지내는지
내 가슴이 아픈 증세는
심장이 다른 사람보다 크기 때문이란다
몸이 아프면 마음도 잘 아픈 것
심장이 크기 때문에 나는 작은 일에도 가슴이 미어진다

여하튼
그 〈이상무〉 결과를 받은 날 저녁에
〈청계〉와 후배 둘을 데리고 공룡능선을 주파했다
왜 그랬을까
가슴이 아픈 것과 심장이 어떤 관련이 있는지 확인하고
싶었을까
공룡, 험한 산길을 오르내리고도
내 심장이 끄떡없었다는 사실을 확인하고 싶었을까
마치 시험가동하는 기분으로
여기를 견디면 이상 없다는 기분으로

산안개와 암봉, 햇살과 바람, 그리고 밤, 랜턴 불빛
아름다운 산행이었다
그러나 산에 간 마음은 다 제각각이었다

다들 뭔가 하나씩 시달린 마음을
던져버리고 싶은 모양이었다
그 저녁에 〈설악산 갈래?〉란 말 한마디에
득달처럼 달려와서 산으로 올라가는 모습은
나를 포함해서 모두
어딘가 던져버려야 할 무엇이 있는 듯했다
불혹의 고개에서도 던져버릴 무엇 때문에
산으로 허겁지겁 올라가는 심사들
다들 다른 사연으로 매달려 있던 업보들을
하나씩 산등성이를 오를 때마다 던지는 모양이었다

무릇 대화는 그런 식이었다
가슴에 무엇을 묻었든지
정작 털어놓아야 할 아픔이 무엇이었든지
웃고 떠들고, 낄낄거리는……

이런 풍경을 나는 〈안스러운 자연〉이라고 말한다
뭔가 개입하기도
던져두기에도
또 나의 무게도 만만치 않은

그래서 온전히 지켜볼 수밖에 없는
그래서 할 수 있는 일이라고는 무작정 위로 위로,
제 발끝만 쳐다보며 걸어가기만 하면 되는
등산이란 서로에게 얼마나 편한 기제인가

쓰다 보니 너의 〈그리움〉만 지피겠구나
하지만 나 또한 내 가슴이 아픈 이유가
내 심장의 크기 때문만이 아니란 걸 잘 알고 있다
그리움은 심장을 크게 만들기도 하는 모양이구나

사진 한 장

1

86년인가 87년인가……
해남에 갔었지요. 당시 감옥에 있던 김남주 시인의 고
향으로
고향집에는 동생이 있었습니다
그는 경상도 사투리를 쓰는 수상쩍은 사내인 나를
잔뜩 경계하고 맞이했지요
이런저런 이야기 끝에 그로부터
몇 개의 편지와 사진을 볼 수 있었는데
당시만 해도 김남주에 대해서 기사를 쓴다는 것은
〈겁나는 일〉이었습니다
그러고서 내가 무슨 기사를 썼던가
기사는 이리저리 둘러대며 넘어갔던 것 같습니다
감옥에 있는 시인에 대한 기사 한 줄이라도,
그게 어떤 내용이라 하더라도 나가기만 한다면
독자들이 〈한 사람이 갇혀 있다는 사실〉에 대해
관심을 가질 수 있을 거란 기대 정도였던가
사실 나는 기사가 나갈 수 있으리란 기대도 하지 않았
습니다

여하튼 어찌된 것인지 기사는 나갔습니다

그때 사용했던 사진이 몇 개 있었는데
(아니 하나뿐이었을 겁니다)
사용하지 않았던 사진과 자료는
다시 해남 동생에게 우송했지요
(그렇게 기억됩니다만)

2

그 해……
아, 박광숙 씨. 그이도 그 해 을지로에서 만났지요
인쇄소. 어쩌면 마스터 인쇄하는 곳이었는지도 모릅니다
을지로통 후미진 인쇄소 골목에서 만난
그이는 대단히 지쳐 있었다는 기억으로 남아 있습니다

3

92년인가……
감옥에서 나온 김남주 시인은
박광숙 씨와 결혼해서 목동에 살았지요
그때는 인터뷰였던가 아니 다른 일이었던지
김남주 씨는 좀 색다른 감회로 나를 맞이했었습니다
내가 기억하는 김남주와 김남주가 기억하는 나는
서로 다른 계기 때문이란 걸
어렴풋이 눈치 챌 수 있었지요
만나야 할 서로 다른 이유를 가지고 있었다고 할까
여하튼 아들을 앞에 앉히고
이야기를 나누는 그가 인상적이었지요

4

2년 전…… 그러니까 98년.
책을 찾다가 오래된 자료 뭉치가 나왔는데
참 많은 사진이 있더군요.

대부분은 여성신문과 관련된 페미니즘 자료였는데,
그중에 작은 엽서 같은 사진이 있었습니다
김남주 시인이 《함성》을 만들기 직전,
친구 이강과 함께 동학전적지 순례할 때 찍었다는 사진
황토현 동학혁명기념탑 앞에서
혼자 우두커니 서 있던 사진

사진은 단 하나의 기억을 증명하고 있지만
기억은 그 사진 한 장에 차곡차곡 쌓입니다
그 사이에 켜켜이 쌓인 사연은
사진 속의 한 사람 얼굴 위로
수많은 사람들을 불러옵니다
그 사람
그 사람이 기억하는 나
그리고 그 사람 사이에 있는 또 그 사람
또 그 사람
그새 그 두 사람은 사라졌습니다

5

며칠 전……
한낮이었는데 지금은 강화도에 살고 있는 박광숙 씨에
게 전화를 했습니다
「저 기억하시겠어요? 제가 짐정리 하다 보니 사진이 한
장 나와서요. 보내드릴까 하는데……」

기억까지 다 보내드릴까 하는데

.

6

오늘……
『내가 만난 김남주』란 책을 읽습니다
벌써 6주기랍니다
책 속에 이강 씨가 쓴 글이 눈에 들어옵니다
그때가 1972년이었다는군요. 그 황토현 사진
마치 수학여행 가서 찍듯이
무심하게 앞을 바라보고 있는 한 청년을 담아둔 사진

둘이서 갔으니, 그 사진은 이강 씨가 찍은 거군요

7

1972년……
그의 시에서 언뜻언뜻 느껴지는 처량함, 비장미
삶 전체에 대해 처연함을 담고 있는 듯한 느낌이
이제야 좀 손에 잡히는 듯합니다
한 사진에 담긴 30년 시간이
좌르륵 겹쳐지고서야 느껴질 듯합니다
그 사람들이 등장했다가 사라지고 또 나타나는 그 행로를
그가 다 말하려 한 건지,
아무것도 아닌 것으로 돌아가는 그 사연들을
사진 한 장에 담으려 한 건지,

그는 〈아무것도 아닌 것〉의 운명을
30년 전 사진에 이미 남겨뒀습니다

40세

아버지는 나에게 〈되어서는 안 될 사람〉이었다
그의 침울한 웅크림, 음모처럼 다가오는 말투
아버지는 나의 병원지였다

미안하다. 이 땅의 아버지들이여
내가 행복하게 사는 길은 아버지와 다르게 사는 것이었다
그래…… 아버지와 다르게 살면
나는 큰 실패 없이 삶을 일굴 수 있으리라 생각했다

며칠 전 늦게 잠든 날
거실을 지나가는데
어디선가 나를 지켜보는 시선이 있었다
아마 입에는 담배를 물고 있었던 것 같다
그 시선은 별로 유쾌하지도 않았지만
그렇다고 기분 나쁜 느낌도 없는
아주 친밀한 눈빛이었는데
지나가는 걸음 너머로 언뜻 누가 나를 보고 있었다

〈아버지가 여기 웬일로?〉
〈아버지가!!〉

다시 보니 거기에 아버지가 서 계셨다

제법 원만한 얼굴에 늘어뜨린 어깨
부드러운 분위기에 감춘 음흉한 자세
항상 소극적이지만
그 너머 감춰진 탐욕스런 아집이 담긴 눈빛
영락없는 아버지가 그 거울 속에 계셨다

40세의 내가 거기 아버지의 모습으로 박혀 있었다
그렇게 닮지 않으려고 했던 행동거지와
표정까지도 다르게 하려 했던
그 사내가 똑같이 재현되어 있었다
내가 나를 싫어한 이유도
내 속에 남겨진 아버지의 모습 때문일 거란 생각까지
들었다

아마 나의 아들도 나를 닮지 않으려고 할 것이다
그리고 아이가 40이 될 무렵이면
아이도 나를 닮았다는 것을 느낄 수밖에 없다는 사실이,
비켜갈 수 없는 전승이 그 거울에 박혀 있었다

옛 사람에게 시간은 어떻게 흘러갔나?

—— 모니터에 붙어 있는 시 1

1

驢背春眠穩(나귀 등에 봄잠이 달콤해)
靑山夢裏行(산길을 꿈속에 지나왔다)
覺來知雨過(깨어나서야 비 갠 것을 알았으니)
溪水有新聲(시냇물 소리가 갑자기 요란하구나)*

2

《작가》에 실려 있던 이 시를 오려서
모니터에 붙여둔 지가 벌써 꽤 오래되었다
얼굴만 들면 이 시가 눈에 들어온다
모니터를 뺑 둘러 붙어 있는 이러저런 문장들은
어떨 때는 모두 한자리에서 긴 이야기를 엮어내기도 한다
이렇게 붙여서 저 말이 되고
저렇게 붙이면 이 뜻으로 연결된다
영원 회귀의 순환 고리가 모니터를 뺑 두르는 쪽지글

---

* 홍만종(洪萬宗)이 편찬한 『시화총림(詩話叢林)』에 실려 있는 임
경(任憬)의 「현호쇄담(玄湖瑣談)」에 나오는 작자 미상의 시다.

위에서
  뱅글뱅글 돌며 재현된다

  3

  주인공은 백수, 떠돌이
  아니면 간밤에 친구와 밤새 술을 마신 〈사람 좋아하는
건달〉이거나……
  사랑하는 이와 긴 이별의 밤을 보내고 나선 길인지도
모른다
  이른바 백수의 노래……

  4

  언젠가 저녁 늦게 친구들과 술을 마시다
  한 여성이 지금 출발하면
  동해에서 새벽을 맞을 수 있겠다는
  매혹적인 제안을 하는 바람에

그 길로 모두 자리를 박차고 나선 적이 있다
하이고, 이게 내가 읽은 소설의 한 구절인지도 모르겠다
아주 얼굴이 예쁜 여성작가가 쓴
『적멸』인가 하는 소설에서도 나오는 구절이지 싶다
여하튼 소설은 내 삶이기도 하고
내 삶은 누군가에게서 소설이 되기도 할 것이다

5

소설에서선지
그날 한밤의 여행에서였든지
한밤중 고속도로를 달리며 우리는 맥주를 마시고 있었
는데
때는 봄밤이었고
콧잔등으로 스며드는 스킨 로션 같은
아니면 가느다란 프로랄 향수 같은
냄새가 아련하기만 했는데
여자 운전자의 솜씨는 대단히 거칠었다
흔들리는 나귀 등에서처럼

이리저리 몸도 따라 건들거렸을 것이다
적당한 건들거림, 요람의 건들거림,
어머니 등에서 느끼는 달콤한 흔들림,
고속도로를 달리는 자동차의 출렁임은
나귀 등에서 다시 요람으로 어미 등으로
혼곤한 봄밤의 잠 속으로 달려들어갔을 것이다

6

갑자기 찬 기운을 느끼는 바람에 잠을 깼다
오대산 자락에 자리 잡은 휴게소
손으로 깨우기 민망했던 그 여자는
창문을 열어 나를 깨웠다
후두둑 고개를 드니 내가 깨어났는지를 확인하려는지
갑자기 눈앞에 다가온 여자의 얼굴
뭔가 해야 할 것 같아서 담배 한 모금을 빨고 나니
그제서야 밖에는
제법 세찬 봄비가 내리고 있다는 것을 알 수 있었다
캄캄한 밤, 갑자기 면전으로 다가온 세찬 물소리,

봄밤의 여행을 그린 소설,
이 뒤엉킨 시간들이 물 소리에 실려서
차창으로 쏟아져 들어오고 있었다

7

잠시도 머물지 않고
뭉쳤다가 다시 쏟아지고
다시 멈췄다가 새 나가며
네가 지나가듯이 시간은 흘러간다
주름 잡힌 시간들
어머니, 나귀, 고속도로,
건들거리는 요람의 오고감,
나귀 등에서의 건들거림과 거친 운전에 흔들리던 기억,
때론 사랑이기도 하고
때론 아쉬움이기도 하고
때론 그리움이기도 했던 〈나의 의미〉들이다

8

모든 의미는 흐르는 시간 위로 겹치고 뚫을 때,
가슴에 콱 와 박힌다

배 위에서의 정사(情事)

──모니터에 붙어 있는 시 2

1

사랑에 빠진 자들아
네 사랑을 배반하는 것은 시간뿐이니
그 시간의 강물 위로 끝난 사랑의 시체를 띄워라
모든 사랑은 시간의 강물 위를 떠다니고
연인들은 어디에 닿을지 알 수 없는 정념의 배를 타고
있다
그들이 사랑을 마쳤을 때는
배는 이미 다른 시간의 뭍에 닿았으니
너희가 다시 만나기 위해서는
시간이 캘린더, 그 영원회귀의 휠을 따라
돌아올 때까지 기다려야 한다
이것이 모든 사랑이 걸머져야 하는 운명이다

2

去年溪上送(지난해 내 위에서 헤어졌는데)
今年溪上逢(올해야 냇물 위에서 다시 만나네)

相逢不忍別(서로 만나기는 하지만 이별을 참을 수 없구나)
落日下西峰(하이고, 벌써 해는 져서 서산 아래 숨는
데……)*

모니터를 둘러가며, 한줄기 사랑의 사연이 만들어진다
시간의 수레바퀴에 매달린 연인들이
모니터 주위를 뱅글뱅글 돌고 있다

3

인터넷이란 사이버 냇가에서
채팅하는 연인들의 정담이
날아갈 듯한 그들의 사랑이
스크린의 강물 위를 흐른다
스크린이란 현대의 내를 사이에 두고
손목이 부러져라 자판을 두들겨대는 연인들
채팅, 만나지 못해서 더 두들기는 이 난타

---

* 조선, 양반집 아낙으로만 알려진 김삼선당(金三宣堂)의 시 「봉
  미인(逢美人)」. 시 전문지 《시안》에 실려 있었다.

스크린에서 지난해는 어디서 다시 올해로 찾아오는가
강가의 지난해는 물결을 타고 올해로 흘러오는데

4

시인의 이름은 익명
그냥 아이디일 뿐이다. 김삼선당이란 아이디
냇가는 은밀히 만나는 정표의 장소
그것도 계상(溪上)이니 나룻배 위에서였을까
농탕스럽기는. 사내는 사공 여인은 양가집 규수
거기다 나룻배 위에서의 한바탕
배야 물결을 따라 어디로 흘러가든 말든,
지금 사랑은 불붙는다
그래서 그 정념의 배가 당도한 곳은 공간이 아니라 시간
서산 낙일이니 당연히 만남은 공간으로가 아니라 시간
으로 해결된다
배를 흘려 보낸 물결은 〈시간의 물결〉인 것
시간의 물결은 일 년마다 제자리로 돌아온다
그때 그 시간은 일 년 뒤에만 재현되는 것이다

찔레꽃이 필 때,
붕어가 갈대 사이로 알을 깔기 시작할 때,
그 시간은 매해 한번만 재현될 뿐이다

5

여하튼 만났으니
꼴까닥 서산으로 해가 질 만큼 이들은 불탔을 것이다
시간 가는 줄 모르고 정욕을 불태웠을 터이니,
서산에 지는 해는 일 년 뒤에 뜨는 해다
아니면 이 년이 될지……
이 생에서 다시는 뜨지 않을 해인지도 모른다
그 해는 바로 이 냇가의 상봉만을 위한 〈그 해〉이기 때
문이다

사내들의 우리 집

1

내가 자대에 배치받은 것은
스물여덟이 시작하는 한 겨울이었다
새해 기운이 채 가시기도 전에 도착한 자대 연병장에서
우리 신병 동기들은 눈을 치우고 있었다
그래, 좋게 생각하면
무엇이든 모두 새로 시작할 수 있는 시절이었다
새해것다. 신병이것다
새로 배치받은, 어찌됐든 만기를 채워야 할
자대까지 팔려왔것다
게다가 빌어먹게도 눈은 가득가득 왔것다

모두 남쪽 끝 바닷가가 고향인,
눈이라고는 몇 번 보지도 못하고 자란 녀석들이지만
이곳 북쪽 산비알까지 팔려오는 동안
신물 나게 보고 치우고, 보고 치우고 하느라
우리는 눈에 관한 한 이미 왕고참이 되어 있었다

즈응말 빌어먹게도 우리가 그 넓은 연병장의

한쪽 눈을 치우는 동안에도
눈은 계속 연병장 위로 내리고 있었다
커다란 나무판으로 쌓인 눈을 밀고 나가면
그 뒤로 잠시, 아주 몇 초 동안
제법 오솔길 같은 통로가 생겼는데
그 길 위로 우리가 지나간 지 채 몇 초도 안 되어
눈이 다시 쌓이는 거였다
하염없이 내리는 눈을 보며
하염없이 이쪽 눈을 저쪽으로
저쪽 눈을 다시 이쪽으로
그러는 동안 우리는 하나씩 불려나가
정말 마지막인 중대 배치를 받았다

나는 별반 눈을 민 것 같지 않다
이를테면 개긴 것인데,
실제로 개기거나 말거나 눈은 너무 많이 오고 있어서
열심히 해도 그만일 터였다

하염없는 중에 한 녀석이 나무판 두 개를 붙여서
열심히 눈을 밀고 있었다

그 친구가 미는 눈길은 방향조차 제대로 없었다
좌로 갔다 다시 우로 갔다 위로 갔다 아래로 갔다 할
뿐이었다
정말 그 친구는 그나마 눈을 치우는 것이 아니라
이곳저곳으로 밀고 있을 뿐이었다

그때 그 친구를 보고 있던 다른 한 녀석이
담배를 피면서 가늘게 소리를 냈다
「아! 바―다―」
모두 바닷가가 고향인 녀석들은
그 친구가 커다랗게 써놓은 〈바다〉란 글씨,
벌써 눈이 쌓이기 시작해서 어슴프레해지는 바다란 말을
희뿌옇게 변하고 있는 눈으로 보고 있었다

넓고 넓은 흰 눈의 바다 위로
〈사내들의 우리 집〉이 떠오르고 있었다

2

「배 이병. 넌 지금 돈 3천만 원이 생기면 뭐 할 거야?」
하도 쓸데없는 질문을 많이 받아서 그랬는지,
나는 어떤 질문에도 제대로 대답해 줄 결심을 했다
아니면 하루 종일 실없는 소리를 해대야 했는데
그것도 괴롭기는 마찬가지였다

어디를 가나 별다를 일이야 없겠지만 어쨌든 지금 나는
어느 중대로 팔려가느냐가 결정되는 시점에 있다. 그런데
저 자식은 갑자기 뜬금없이 3천만 원 타령이야? 그래 너
에게 돈 3천이 생기겠냐? 나에게 생기겠냐? 그래 내가 혈
기방장할 때는 책을 깔고 덮고 자겠다고 생각한 적도 있
었지. 모든 돈은 책을 사기 위해 존재한다고 생각한 때도
있었지. 지금은? 지금은 책을 읽지 않고도 잠잘 수 있으
면 좋겠다고 생각하던 참이다. 아니야. 지금 십 분이 있
다면, 이런 쓸데없는 질문을 해대는 너 같은 장교가 없는
딱 십 분만 있다면, 야전점퍼 왼쪽 주머니에 넣어둔 형설
출판사 판 문고본, 가만 있거라 그게 『젊은 예술가의 초
상』이었나? 아니면 『마찰 이야기』였나? 그걸 마저 읽고

싶다 그래 내게 돈 3천만 원이 생긴다면 책, 그리고 방해받지 않고 책을 읽을 수 있는 공간, 그 공간을 내 마음대로 할 수 있는 자유, 권리, 그래 권리, 방해받지 않을 수 있는 권리, 고독할 수 있는 권리, 그것이 필요하다. 내게 돈 3천만 원이 있다면 돈 3천만 원짜리 고독을 사겠다. 이 장교야. 이게 내 대답이다.

「제게 돈 3천만 원이 생기면 전 집을 사겠습니다」

장교의 표정은 흠 너도 집 사려고 아둥바둥하는 속물이구나 하는 표정이었다
잠시 나는 집이라고 해야 하나,
책 읽을 공간이라고 해야 하나 망설였었다
아니 그보다 더 잠시 전에는 고독이라고 말할 뻔했다

3천만 원짜리 고독은
어쨌거나 〈집〉이었다

3부

봄길

가거든 오지 마세요
산으로 가는 사람
때론 비로 오더라도
생각하지 마세요
나려니 그 사람이려니
기다리지 마세요
새록새록 내리는 그 비를
맞고 계세요

산으로 가거든
봄산으로 가거든
당신이 한번 가버린 길
봄비 따라 살아날 거예요
내가 따라가는 길
비를 따라 그 길이 나타날 거예요

먼 길

봄에
먼 길에서 돌아온 사람의 눈에선
겨워서 흘러나오는 강이 보인다
눈앞에서 다가왔다 사라진 것을
너무 많이 본 사람의 눈에선
그 사연이 모두 물이 되어 흘러나온다

그는 오랜 먼 길에서 있었던 일이라고 한다
지금은 물이 되어 흘러가고 있는 것
다 담고 돌아온 사람의 눈을 보고 있으면
겨워서 떠내려 오는 봄강이 넘쳐,
그 눈이 보고 있는 것을
다 적신다

먼먼 길

봄에는
사람들이 먼 길에서 돌아온다

눈에는 지나온 그 먼 길이 다 담겨
쏟아질 듯 그렁그렁한데
이젠 아무거나 해도 될 것처럼
아무나 돼도 될 것처럼 사람들이 돌아온다

이미 오래된 일이 돼버린 것처럼
벌써 모두 잊은 것처럼
다 놓아버리고 돌아온다

멈춰서 뒤돌아보면
그 많았던 일들이
아주 지나가기라도 할 것처럼

다 지나가라, 빨리 지나가라
돌아서 버린다

파도

단지 담아두기만 해도
이내 넘쳐버릴 것 같은 이야기를
어디서 어떤 일로 말해 주랴

오래 기다려야 할 일이
어떤 것인지 아는 사람들은
아무 일 없던 것처럼
눈에 담을 줄 알아야 한다

살아가는 내내 한번이라도
두 볼을 감쌀 일
어깨에 파묻고 흐느낄 일 없으랴 싶지만
그 오랜 먼 길의 이야기 다 살아나더라도
귀담아듣지 않을 줄 알아야 한다

단지 담아두는 것만으로도
이야기를 다하고 남았으니
아무렇지도 않은 듯 해가기란
그저 살아 있는 동안 내내 철썩이며
눈에 담아두는 것일 터이니

자장가, 혹은 악몽, 아니면 추억.

어른이 되어서도 부르고 싶은 노래가 있지
아버지가 불러주던 노래는 내가 아버지가 되어서야 생
각나는 법,
묻혀 있던 곡조는 천천히 새 나오고
나는 기억 속의 노래를 부르지
기다리는 것은 앞날이 아니라 옛날의 옛날로 돌아가
는 것,
오랫동안 궁금하기도 했다
내가 이 노래를 어디서 배웠을까
살 냄새가 나는 노래,
기억에는 지워졌지만 입에서 외우고 있는 노래를
내 살갗을 만지며 나는 알아차릴 테지
기다리는 것은 옛날의 옛날로 돌아가는 것임을
어른이 되어서야 부르고 싶은 노래가
내 살품에서 흘러나오고 있었음을

까마귀가 할퀴다

손바닥에 흘러가는 눈빛
네 얼굴 어루만질 때 새겨졌을까
할퀸 자국,
차라리 피라도 흘렀으면
아프다고 알아차릴 법도 하리

좋아오라
가득 팔을 벌린다
온 어깨에 쏟아지는 소리
까각 깎깎
너를 보낸 뒤, 까마귀를 부른다

꿇어앉아 두 손만 내놓고 다 맡긴다
그대여 이렇게 팔을 벌리네
부디 나를 파먹고 네 곁에 안식이 온다면
내 손바닥에 앉게
나를 싣고 저 멀리 날아가 버리게
가다가 메마른 흙 위로 작은 시내가 흐르거든
그곳에 나를 뿌리게
혹 자운영꽃이 피는 시절이 오면

손바닥, 마른 햇살 속으로 아지랑이 올라오거든
그때서야 알아차리리
손바닥에 새겨진 손금
내 버리지 못하는 상처
그대가 내게 새겨준 흉터
할퀸 자국임을

내게는 꿈이 하나 있었는데

이를테면 우리가 철새처럼 모여서
아니 제가끔 자리에서 돋아나는 나무처럼 모여서

바람 불 때마다 악수하며
풀 하나 돋을 때마다 덕담을 하는,
잘 지냈는지요. 그럼요. 올해도 잘 부탁드립니다
어쩌고저쩌고 하면서
언젠가 돌아보며,
이끼가 많이 자랐구나
얼음을 깨야겠는걸
해대는 동안

저 산과 산 사이에서
물이 새 나오고 길이 흘러 나오고
또 나무가, 풀이, 단풍이,
그리고 네가 차례로 걸어 나와 착한 목소리로
봄 여름 가을 겨울 하고 말하면
그 목소리 따라 계절이 흘러가는
꿈이 하나 있었는데

사라지지도 말고 잊지도 말며
다 같이 기억하고 새겨두어서
그 기억과 더불어 찢어지고 뒤엉켜
머리가 하얗게 쉴 때까지
다시 겨울 가을 여름 봄 하면
그때서야 강물이 흐르기 시작하는
그런 꿈이 있었는데

그렇게 세월이 가는 꿈이 있었는데
……말이다

별

한 한달만 잊고 싶었다
그 섬에 가서 한달만 별빛을 보고 싶었다

아무도 모르는 그 섬에서
내가 만난 것이라고는
별빛뿐인 그 섬에서
낮에는 잠들어 아무도 보지 않고
밤에만 깨어, 쏟아지는 별빛만 만나보고 싶었다

맑은 밤, 파도 소리 따라 별빛이 쏟아지는 밤
알알이 내 몸에 박히는 별빛을 품에 안고 누워 있으면
저 밤 하늘에 박혀 있는 사람
내 위로 쏟아져 들어올 것 같았다

한 한달만 별빛 속에 살고 있으면
잊어야 할 것 잊혀지고,
만나고 싶은 것, 보고 싶은 것
다 만날 수 있을 것 같았다

달맞이 꽃

별이 뜨는 것을 보고 싶었다
그 사이로 네가 걸어오는 소리가 듣고 싶었다
달맞이 꽃처럼,
내가 잠들 때만 찾아와
머리맡에서 쉬고 가는 너를 보고 싶었다

누가 떠나고 누가 남았을까
그리고 누가 저 별빛으로 갔을까
알알이 박히는 별빛 어디에
네가 숨어 있는지 찾고 싶었다
사라지지 않고
어딘가 숨어 있으리라
내가 눈을 감을 때만 나타나
나를 보고 있을 너를
나도 보고 싶었다

너도 나를 보고, 나도 너를 보는
그 순간을 찾고 싶었다

저 별빛 속으로

거기서 만나자구요
좀 늦게 가면 어떻습니까
달맞이꽃이 피는 소리를 듣느라고 늦었다구요
그 사이로 걸어오는 당신을 보고 싶었어요
달맞이꽃처럼……
내가 잠들 때만 찾아와
머리맡에서 쉬고 가는 당신을 남겨두고 싶었어요
저어어 아늑한 속에다 말예요

저 별빛 속으로

대화

순이는 뭐가 되고 싶어
나는 아무것도 안 될 거야
정말? 그래도 뭐가 될 텐데
정말로 나는 아무것도 안 될 거야
나는 사람이 될 거야
선생님이나 하느님은 절대로 안 될 거야
나는 진짜로 사람이 될 거야

숨

—네 살

어느 날 그 애가
내쉰 숨 한 톨이
까르르 이파리째
손을 내밀더니

한 발씩 콩콩콩
내 품에 뛰어와
맴돌며 맴돌며
소곤 잠들더니

소문소문 잠 속에선
하얀 솜꽃이 피고
그 꽃잎 숨이 되어
새근새근 자라더니

그리곤 그 아이는
네 살이 되었다

극락 앞에서

단풍이 들 때까지 여기서 잠들었으면 좋겠다
저 문 너머 네가 다가오는 소리
나를 밟고 지나갈 때까지
누워 있었으면 좋겠다

온 산에 단풍이 들어
네가 지나가는 소리 따라
내 몸에 단풍이 드는 줄도 모르고
잠들 수 있었으면,

한 천년 또 한 천년 세월이 다 갈 때까지
잠들 수 있었으면 좋겠다

자해

그 모든 것 차치하고
누가 누구에게 상처를 줄 수 있단 말입니까?
상처란 것이 내 속에서 아니면
어디서 진정 오기나 합디까?
모든 상처는 자상의 흔적인 것을
자주 그냥 담담하게 나타나기도 하는 것을

거절이란 말을 아는지
때로는 나를 부숴버리는 기다림을 아는지
나를 닮아서 보여주는 상처를 알아차리는지

영혼의 칼부림에 버히더라도
돋아나는 정처마다 닿아보는 것
난자한 내 육신을 펼쳐보는 것

그리고 내버려두는 것
아무는 것이 아니라 덧나고 덧날 때까지
기다려주는 것

때론 상처보다 더한 기다림이 없었는데
때론 기다림보다 더한 거절도 없었다는데

웃는 사람

웃지 마라
뭐 할말이 없어서 웃고 있느냐. 나여
할말이 사라지고 나면
웃음밖에는 더 내놓지 못할 사태가 있는 것이다

웃음으로 지어진 수용소
웃음의 전기철망을 건드리면
참지 못할 폭소가 터져 나오고
웃음으로 쏟아지는 취침 사이렌 소리
때론 철망에 걸려서
언제까지나 웃다가 웃다가 입을 헤벌리고
마지막 날, 옷도 벗고 중지에 낀 반지도 벗고
신발도 숨겨뒀던 사진도 말도 사연도 다 벗고

샤워장이었는데
웃음으로 목욕하자고 웃음소리 쏟아지며
머리 위로 어깨로 목으로 가슴으로 차오는 웃음소리
모두 웃으며 웃으며 우스워서 쓰러지고
가슴이 막혀서
우스워서 가슴이 턱 막혀서

웃으며 거꾸러지는 시절이 있는 것이다
조소의 나날들……
웃음으로 채워진 시절들

파랑새

모든 나무는 내성적이다.
본디 아무도 모르게 이파리를 틔우고
아무도 모르게 꽃망울을 만들었는데
그리하여 누구도 보지 않을 어느 밤
꽃이 피는데

이만큼한 세월이었다고
누구도 그 나무 아래 적지 못한다
아무도 나무만큼 기다린 적은 없다
속으로 나고 속으로 질 때까지
잊혀지는 것은 하나도 없다
나무는 나무로부터 배운다

나는 나에게서 배운다

등산

사는 것이 미안함을 쌓아가는 일이 되었다
어쩌다가 이렇게 살게 되었을까
사람에게 미안한 것은 오직 산에서만 용서받는다
이젠 업보 때문에라도 산에 가지 않을 수 없다
방면받는 심정으로 능선을 걷곤 한다

꽃이라고 말하는 너에게

너는 아무것도 아니어서
무엇이 되어 나에게 있다
내가 너의 이름을 부를 때
너는 사라진다

꽃이라고,
너를 부를 때
너는 없어진다

진달래

올 봄에는 내가 뭐가 될까
저 길가에서 나는 무엇이 되어 서 있을까
저 산,
꽃처럼,
나는 어디까지 피어야 할까
그래서……
나는 어디까지 가서 사라져버릴까

나는 불량해서 좋다

사실 나뭇잎이 시작도 끝도 없이
떨어지는 모습은 얼마나 껄렁한가
사라지는 일은 언제나 한 줄기
시시껄렁한 구석을 가지기 마련이다

울고 있을 때라든지, 한숨을 쉴 때
내가 삶의 마지막 벼랑에
다다른 듯이 절박할 때도
나를 바라보고 있는
이 껄렁한 시선이 있는 것이다

이제 떠나는 일만 남았을 때,
간절하게 맺어지기를 원했으나
헤어질 수밖에 없다고 느낄 때,
그 속에 숨어 있는 사특한 이별의 기운
불량한 작별의 구름이 문득문득 피어나는 것이다

그럴 때는 내가 어떻더냐고,
때론 너는 어떠하냐고 묻지 않는 법이다
그냥 가지에 대롱대롱 매달려 있는

이어짐 자체를 놓아버려야 된다
아주 불량한 몸짓으로……

삶은 때론 갑자기 껄렁해지는 것이니
그래 잘 가라……
내 손에 묻어 있는 너의 감촉
배 위를 스쳐 가던 손길하며,
발자국에 남아 있던 나른한 느낌까지
훅 던져버리는 것이다

뒤돌아보지 말고
두 번 생각하지 말고
휙 떨어져버리는 것이다
아주 껄렁한 자세로……

타자를 위한 기도

부디 나를 휘둘러
저 절벽 아래로 내동댕이쳐 주시옵소서
다시는 내가 나를 알아보지 못하도록
기억하지 못하도록
지워버리시옵소서

언제나 내 속에 머물고 있는 당신,
어찌하여 당신은
나의 기쁨 나의 행복 나의 평화는 다 버리고
나의 고통 나의 악몽 나의 추문만을
간직하고 계시온지요
없는 듯 지내지만
결정적인 순간마다 한 번씩,
때론 한꺼번에 마음 깊이 감춰둔
온갖 사연을 다 끄집어내는 당신
내가 사라져서 당신이 사라질 수 있다면
능히 나를 지우겠습니다

언제나 나를 바라보고 있는,
절대로 내가 아니지만

나일 수밖에 없는 당신,
부디 내가 다시는 당신을 들여다보지 않게
다시는 당신께 들키지 않게
나를 버려주시옵소서
이 생의 마지막 신이시여

수선화

말이 사라지는 동안 생각은 고이는데
너에게 하는 말, 했던 말,
이제 설명할 순 없다
피어나는 것이 어디 그것뿐이냐
사라지는 것이 어디 너뿐이냔 말이다
우리가 아는 것은 이 말이 아니었다

한 십 년만 살자 너와
어디 가서 한 십 년만 살아보자
생각하지 말고,
피어나기만 하는,
내성적인 풀꽃처럼 살아보잔 말이다

추억들아, 정말 미안하다

이문재

　사십대 초반의 늦은 가을날 아침, 출근 시간이 자꾸 미뤄지고 있었다. 주유소 뒤편으로 난 은행나무 길──서울에도 활엽수가 있는 오솔길이 있다──에서 걸음이 멈춰진 것이다. 며칠 전까지만 해도 푸른 기가 가득했던 〈둥근〉 은행나무들이 후두둑, 노란 잎사귀들을 떨구고 있었다. 바람 한 줄기 없었는데, 한꺼번에 수십 장씩 떨어져 내리는 것이어서, 은행잎들이 무슨 결의를 하고 단체 행동을 하는 것 같았다. 한 잎 두 잎 포르르 떨어져 내렸다면 그냥 지나쳤을 것이다. 후두둑거리는 소리가 나무와 나뭇잎들의 유언처럼 들렸으니, 늦어지는 출근길에 나뭇잎들의 투신을 바라보는 사십대 초반 가을날 아침은 헛헛했다.

　일찍이 낙엽이나 겨울잠을 바라 마지않았거니와, 때가 되면 버릴 것 모두 버리고 뿌리──그런데 그 뿌리라는 것이 있기는 있는 것인가──로 내려가 한 철 나고 싶었다. 저장

된 기억들을 삭제하고, 어디 동굴 속으로 들어가 얼음 녹을 때까지 동면하고 싶기도 했다. 하지만 저 식물과 동물의 꿈은 나의 것이 못 되었다. 한마디로, 내가 삶을 영위한 것이 아니고 삶이 나를 영위했기 때문이다.

내 오랜 친구 배문성의 시들을 읽으며, 나는 내 삶을 정돈할 수 있었다——독자의 삶을 뒤돌아보게 하는 시란 그리 많지 않다. 내가 삶을 영위하지 못했다는 자기 진단이 그 정돈의 핵심이다. 영위라니, 누리다니. 행복이나 희망과 같은 단어는 나에게 없었다. 저 두 단어는 나에게 사어였다. 마흔 몇이라는 나이가 내 안에서 덜그럭거린다. 이미 오래전부터 미래는 아무런 징후 없이 다가왔고, 내 등뒤로 사라진 날들은 그 후로 별다른 기별이 없었다. 내가 삶을 누리지 못하는 동안, 삶은 나를 스쳐 지나가고 있었다. 마흔 몇이라는 생애의 귀퉁이가 벌써 나달나달해진 것 같다.

내가 삶을 누리지 못하고, 삶이 나를 누리는 동안, 나는 몇 번씩이나 내 친구 배문성을 부러워한 적이 있다. 그것도 세 가지나. 우선은 그가 서울 바깥에서 산다는 것이고 두번째는 몇 년째 백두대간을 종주하고 있으며——한때는 테니스에도 미쳐 있었다, 세번째는 친구들과 어울려 공부를 한다는 것이다. 얼핏, 내 친구는 삶이 다가오면 슬쩍 비켜서는 표정이었다. 싱긋 웃으며 몸통을 외로 틀어 삶이 지나가도록 하는 것처럼 보였다. 무심한 것이었을까. 도무지 애면글면하는 구석이 없었다. 내가 골을 싸매고 고민을 할 때, 내 친구는 〈뭐 그런 일을 가지고 속을 다 태우냐〉는 식이었다. 내 친구는 늘 말끔해 보였다. 하지만 한두 가지 일을 지속적으로 하는 사람치고, 다시 말해 서른다섯이 넘어 새로운 습관을 들이는 사람치고 만만한 사람은 없다. 겉으로는 그렇게 허허롭게 보여

도, 내 친구는 강원도 옥수수처럼 굵은 알이 빈틈없이 빼곡했
던 것이다. 외유내강!

　외유내강한 내 친구의 시들은 성글다. 배문성의 시들은 기
억과 추억 사이에서 화해를 지향한다. 기억이 날 것의 추억이
고, 추억이 〈자기화〉한, 그러니까 재구성한 기억이라면, 내
친구의 기억은 아버지이고 추억은 〈분열증을 낳은 산행〉이다.
유년기에 이미 반면교사로 결정(기억)된 아버지. 시인에게 아
버지는 〈나에게 '되어서는 안 될 사람'이었다〉. 성년 이후 시
인은 평생 끝나지 않을 〈산행〉――선배와 함께 지리산에 올
랐다가, 악천후를 만나 그 선배를 잃었다――을 추억하며 살
아간다. 아버지에 대한 기억은 아버지의 나이에 도달해서만
되살아나는 이상한 기억이지만, 산행이 남긴 추억은 수시
로, 도처에서 말을 걸어오는 생생하게 살아 있는 삶이다. 그
리하여 배문성의 시들에서 타자(너, 혹은 당신)는 거의 다 그
선배로 번역된다.

　배문성의 시집은 〈미안하다〉고 말하는 시집이다. 〈이젠 시
효가 지난 추억들〉에게도 미안하고, 그 추억을 잊지 못하고
〈그러고 있는 나의 육신에게〉도 미안해한다. 그동안 〈살아온
세월들〉, 그동안 보아왔던 〈풍경과 사연들〉에게도 미안하고
〈나의 주변〉에게도 미안하다. 더 이상 미안할 데가 없을 만큼
미안해한다(〈미안하다고 해서 미안하다〉고 할 만큼). 하지만 이
미안함은 속죄나 방면의 차원이 아니다. 이 미안함은 용서가
아니라 화해의 차원을 기대한다. 속죄가 죄 지은 자의 자기
인정――고해성사 같은――에서 해결된다면, 화해는 상대방
의 인정을 대전제로 한다. 속죄가 유아적이고 개인적인 방식
이라면, 화해는 보다 어른스럽고 사회적인 방식이다. 그리하
여 화해가 속죄보다 훨씬 난해한 국면인 것이다.

문제는 여기에 있다. 배문성 시의 화자에게는 속죄하고 화해해야 할 대상이 존재하지 않는다는 것이다. 손을 내밀며 미안하다고 말할 수 있는 타자가 없으므로, 〈이제 그만 됐다〉라며 품을 열어줄 타자가 없으므로 시의 화자에게 화해는 원천적으로 봉쇄되어 있다. 그러니 그에게 기억과 추억은 천형이다. 그에게는 살아 있기 그 자체가 천형이다. 천형을 받은 자의, 치사량에 가까운 외로움은 세상에서 저녁만을 본다. 아니, 세상의 저녁만을 살아내고자 한다. 「노을의 집」을 보자. 그 집은 무인지경이다. 싸라기눈이 지나간 겨울날 저녁답. 급기야 시의 화자는 〈노을 속으로 전화〉를 한다. 그리고 〈나는 왜 아무도 나를 기다리지 않는다는 것을 몰랐을까〉라는 사실을 깨닫는다. 〈나〉를 기다리는 사람이 아무도 없다는 사실처럼 끔찍한 사태가 있을까. 살아서 이미 죽은 지경이다. 삶의 저녁의 풍경이다.

세상은 〈나〉를 기다리지 않지만, 〈나〉는 죽어라고 누군가를 기다린다. 기다림은 집요한 기억이고 지속적인 추억이다. 그렇다고 〈너〉를 향해 달려갈 수도 없다. 〈너〉는 그곳에 없고, 도처에 있으므로. 〈저렇게 물들고 있는 노을 앞에서 들어가지도 못하고 돌아서지도 못하고〉 있는 것이다. 〈나〉에게 삶은 이제, 잊기 위해 사는 삶으로 바뀐다. 화해하지 못한 자가 견딜 수 있는 방식은 불가능한 화해를 잊어버리는 일밖에는 없다. 하지만 그 또한 미칠 일이다. 〈네 앞에서 (……) 남아서 지키고 있다는 것이 미치는 일이다〉(「노을 앞에서」).

천형을 받은 〈나〉는 추억이 없는, 혹은 추억을 부려놓을 장소(대상)를 찾는다. 느티나무와 숲 혹은 산에서 〈추억에서 해방된 한적한 걸음〉(「숲」)을 꿈꾼다. 음악이 흐르는, 그러나 매우 고요한, 그리하여 〈모든 것이 정지한 듯한 시간〉을 그린

「느티나무」를 읽어보자. 시 속에서 〈나〉는 바흐의 음악과 느리게 움직이는 느티나무와 합일하려 한다. 느티나무의 춤과 바흐의 음악이 〈나〉의 마음 안에서 하나가 되는 순간, 〈나〉는 추억으로부터 빠져나온다. 〈천천히 (……) / 용서받는다는 느낌 (……) 이랄까 / 이제 그만해도 된다는 (……) 것일까 / 이 세상에서 가장 느리게 움직이는 춤이 / 내 속에서 조금씩 새 나오고 있었습니다.〉

〈나〉가 산에 오르는 심경을 보자. 〈숲에 들어가려는 사람은 기억을 내려놓고 가야 합니다〉(「숲」). 그러니까 〈나〉는 기억력을 가진 사람으로서가 아니라 식물의 자격으로 산에 오르는 것이다. 〈네 속에 남아 있는 내 모습 / 내 속에 잠자고 있는 너의 기억 모두〉를 지워버리기 위해 배낭을 짊어지고 오르는 것이다. 〈걷는다〉도 마찬가지다. 산에서는 〈지나온 생을 다 내려놓고〉 〈추억도 상처도 그리움도 다 버려두고〉 걸어야 한다는 것이다. 그리하여 산 속에서, 숲 속에서 〈정말 추억다운〉 추억과 해후한다. 그것은 〈사람이 빠진 / 사람 없는 추억〉이었다.

사람을 제외시킨 추억을 바라 마지않는 삶은 불구의 삶이다. 이 불구를 시인은 〈불량〉으로 슬쩍 바꾸어놓고 있다. 나뭇잎이 떨어지는 모습을 〈껄렁하다〉고 보는 〈나〉는 〈이제 떠나는 일만 남았을 때〉 가지에 매달려 있는 나뭇잎을 의인화하며 〈갑자기 껄렁해지는〉 삶으로 하여금 〈그래 잘 가라〉라고 인사하게 한다. 〈아주 껄렁한 자세〉로 떨어져버리는 나뭇잎을 〈나〉와 동일시하는 것이다. 사실, 배문성의 이번 시집에서 떨어짐, 즉 하강, 투신, 낙하의 이미지는 매우 강력하다. 자멸, 자학의 이미지와 겹쳐 있는 이 투신의 이미지는 「타자를 위한 기도」에서 한 절정을 이룩한다. 〈부디 나를 휘둘러 / 저

절벽 아래도 내동댕이쳐 주시옵소서〉라고 기원하는 〈나〉의 기
도는 거의 절규에 가깝다. 〈다시는 내가 나를 알아보지 못하
도록/기억하지 못하도록/지워버리시옵소서〉라고 말할 만큼
추억의 무게가 무겁고, 추억하기가 고통스러운 것이다.

오래된 친구가 〈사람이 없는 추억〉을 회원하며 지나온 쓰라
린 세월에 친구인 나는 가담하지 못했다. 아마 그 세월은 그
무엇으로도 치환할 수 없는 질료이고 그 누구도 대신할 수 없
는 질병 같은 것이었으리라. 나는 다만 〈이제 그만 됐다. 그
만 미안해해라〉라고 말해 줄 수밖에 없다. 그러나 이렇게 말
한다고 해서 친구의 도리를 다하는 것은 아니다.

그날, 은행나무가 가을의 아주 깊은 지점을 통과하던 날
아침, 나는 마흔세 살 앞에서 속수무책이었다. 나는 떨어져
뒹구는 은행잎이었고, 내 삶은 나를 떨구어낸 나무 둥치였다.
뒤늦게 퇴근하고 돌아와, 나는 오래된 친구의 시를 읽으며, 내
삶이 기억하고 있는 나를 위해 기도했다. 〈아무도 나를 기다
리지 않는다〉라는 내 친구의 시 구절에서 〈나〉는 바로 나 자
신이었다. 나 역시 이 삶으로부터 버림받았으니, 삶과 나 사
이가 어느새 아득해져 있는 것이었다. 내 삶은 〈나의 기쁨 나
의 행복 나의 평화는 다 버리고/나의 고통 나의 악몽 나의
추문만을 간직하고〉(「타자를 위한 기도」) 있었던 것이다.

그리하여 〈벗이여, 미안하다고 말할 수밖에 없어서 미안하
다〉는, 내 오랜 친구에게 해주고 싶었던 말은 결국 나 자신에
게 돌릴 수밖에 없었다. 고통과 악몽과 추문으로 뒤범벅된 추
억들아, 나는 정말 미안하다.

배문성

1958년 부산 출생.
1982년 「심상」으로 등단.
시집 『당신들 속으로』 출간.
현재 문화일보 기자.

노을의 집

1판 1쇄 찍음 2002년 2월 15일
1판 1쇄 펴냄 2002년 2월 20일

지은이 배문성
펴낸이 박맹호
펴낸곳 (주) 민음사

출판등록 1966. 5. 19. 제16-490호
서울시 강남구 신사동 506번지 강남출판문화센터 5층 (우)135-887
대표전화 515-2000 / 팩시밀리 515-2007
www.minumsa.com

ISBN 89-374-0701-9 03810